D1662775

Astrid Gehlhoff - Claes

NACHRUF
AUF EINEN PAPAGEI

Gedichte

Verlag van Acken VA Krefeld

1. Auflage 1989
Copyright by Verlag van Acken, Krefeld
ISBN 3-923 140-40-1

Gesamtherstellung: Joh. van Acken, Druckerei und Verlag, Krefeld
Titelgestaltung: Petra Klüners

INHALT

HOFFNUNG

„Die Krone der Schöpfung,
das Schwein der Mensch",
brach einst ein Dichter
den Stab.

Ich hoffe auf Schweine
im Stalldunst, auf der Schlachtbank, im Schlamm
duldend und nützend.

Ich hoffe auf den Baum
im Wind, im Winter.

Auf Kinder, die hungernd hüpfen,
auf den Vogel, der im Hinterhof vom Himmel singt.

Ich hoffe auf das Wort,
das ans andere Ufer dringt.

Bis der Satte den Hunger wahrnimmt,
der Taube die Seufzer hört,
bis der Schlächter das Messer weglegt.
Ich hoffe.

Gottes Abbild,
ich hoffe
noch immer
auf dich.

BEWEGUNG

Aber dann
fallen Sterne vom Himmel,
und sie nennen das
normal.
Und du wünschst dir, daß
einer stark ist
in der blutleeren
täglichen Qual.

Die Gerechten sind
immer dagegen,
die Weisen sitzen
unverwirrt da.
Wer will schon die Welt
bewegen?
Der Herbst kommt
mit Nebel, mit Regen.
Aber dann
sagt einer ja.

Es wird
Frost, es wird Stürme geben,
du wirst fallen und wieder
stehn.
Aber dann
ist das wirklich leben,
wenn zwei
die Ketten heben
und schwankend
weitergehn.

Für Heinz-Hugo Röwer

FRÜHLING

Das war ein Mai.
Der Pförtner hat einmal
gelächelt,
der Baum an der Mauer
schlug aus.
Der Gefangene, der von allen
Gruppen ausgeschlossen war,
durfte teilnehmen.

Selbstmorde keine,
der Erhängte schnitt sich
gerade noch einmal ab.
Auch sonst gute Aussichten,
Lebenslang nur noch
fünfzehn Jahre, vielleicht.

Die Sonne erwärmte
die Steine,
zwei lösten sich, von zweihunderttausend
zwei.
Wir sind
weitergekommen,
wirklich
ein guter
Mai.

FREIHEIT

Einen Freund finden,
mit ihm reden können mitten
in der Nacht.

Eine Tür öffnen
von innen.

Einen Baum umarmen.

TATORT

Wo ich dich
vergaß.

Wo ich
für einen Moment nur meinte,
Worte wären genug.

Wo mein Wort
nicht Fleisch wurde.

THERAPIE

Einem Süchtigen
den Kopf halten,
wenn er
sich erbricht.
Wenn er
um sich schlägt,
Blutverluste
riskieren.

Ihn beatmen.
Unvorsichtig.
Spontan.
Auf die Gefahr hin,
getroffen zu werden
von einem Fußtritt
oder vom Wort.
Auf die Gefahr hin,
vom Leben, vom Tod
getroffen zu werden.

Lieben
auf die Gefahr hin.

UNDINE KOMM

Man muß reden
vom Frieden,
appellieren,
demonstrieren
gegen Rüstung und Krieg,
gegen Raketen und Marschflugkörper,
rocken und singen
gegen die Waffenplattform -
große Dinge.

Und müßte aufhören,
hinter den Türen
Kinder zu schlagen
und an der nächsten Ecke
zu schweigen,
statt ein Wort
zu sprechen,
das hilft.

Undine komm.
Es muß sich hier
ändern,
zwischen dir
und mir.
Mit dir
will ich deine Geschichte
neu schreiben,
das Enttäuschtsein,
das Entschwinden über den Bootsrand
muß weg.

Damit es anders
endet.
Damit du
deinen Ritter nicht totweinst,
deine Seele nicht fortweinst,
in den Kristallpalästen mich
nicht vergißt.

Damit wir uns wiederfinden
am Ufer.
Damit wir uns aushalten
und halten
auf der unfaßbaren Welt.

So könnten wir
anfangen:
eine alte Geschichte
bewegen,
einen verschlossenen Brunnen
öffnen
und rüsten
für die Rückkehr an den Quell
des Friedens
im Lichte
jenes
Sterns.

BAHNHOF

In den Fenstern der Züge
schwimmen
die Schrecken des Abschieds.

Zwischen den Schienen
mein Licht
rollt
aus dem Blick.

ABEND

Abend, alte Windstille,
wenn im Himmel die Vögel einfrieren.
Wie ein Wächter bin ich am Fenster.

Alter Abend,
Schrift ohne Schreiber,
Schrift, nur weil wir Leser sind.
Linien, Wiesen, Wege wie Zeilen,
doch gefüllt mit Geröll, mit Schutt von Zeichen.
Manchmal ein reiner Rest, der Mond oder ein Baum,
doch mit leerem Bannblick,
dem die Dinge entrinnen.

Wie ein Wächter bin ich am Fenster.
Nichts stimmt.
Fehler, Flüchtigkeiten
verwildern alles.
Vergeblich alles,
was wie Wind anschwebt aus vergessenen Gärten,
und nichtig das Gedicht,
das wie ein Spiegel
machtlos abliest, ohne zu wissen.

Nichts stimmt.
Es sagt wohl einer Liebe, weil es Brauch ist,
wenn ihm ein Blick oder ein Wort
sinnlose Versprechen abnimmt, und wenn er,
ein Spieler, der eitel die Regeln weiß,
für eine Weile meint, einige Gewohnheiten zu ändern,
oder ein neues Tagebuch kauft und manchmal
ein Gefühl hat, als sei der Nachhauseweg
an Vorgärten vorbei und Wänden und Fenstern
und der Mauer mit Werbungen
für einen Tänzer, der lange schon abreiste -
als sei dies der Liebe Land,
der goldene Wald,
und er geht die leere Straße hinab,
die alte Bühne, wo er allein wie ein Tier
den Gang aus der Stadt spielt oder den großen Entschluß -
und ist am Morgen zu verlegen,
ein Zimmer zu kündigen.
Auch sagt wohl einer, ich habe *den Weg und die Wahrheit* -
und vergißt sein Gedächtnis und beginnt noch einmal den
Anfang.

Und ist wie eine Waage ohne Zeiger,
wo jedes Gewicht jeden Wert hat,
eine kleine Empörung,
ein geschäftiges Nichtwissen wohin,
ein Mime des Nichts,
und seine Worte fallen ratlos zwischen die Sachen.

Nichts stimmt.
Verstellte Uhren verteilen unter sich
die Zeit wie eine Beute
und überholen alles, was unterwegs ist,
Schiffe und Briefe, Gefühle, Gespräche -
nichts kommt mehr an,
und Tun und Nichttun liegt auf uns
wie Staub auf Schränken.

Aber am Abend,
wenn im Himmel die Vögel einfrieren:
Wie ein Wächter bin ich am Fenster.
Und lasse vor Nacht die Angeln hinab,
wo nie ein Teich war.

LIEBE

Zwei Wolken
am Sommerhimmel.

Laß uns eins werden
einen Augenblick,

bevor ein Wetter
aufzieht.

PALMESEL

Du,
nicht Rosse, nicht Wagen,
mit dem König, aber nicht
von dieser Welt.

Lernen, die Stille
vor dem Steinwurf zu tragen,
grau, standhaft, unsterblich wie
Du.

OSTERLAMM

Gestern, in Träumen,
war ich wieder das Kind,
legte mich bei der Schafschur
zu meinem Lieblingslamm
auf die harten Planken
hoch über dem Pflaster,
geduldet vom gleichmütigen Schäfer,
der mein Schaf scheren wollte.
Lag dort reglos bei dem
reglosen Gesicht aus Angst,
die Arme um den Wollnacken geschlungen,
und taten unseren Mund nicht auf,
bis das Schermesser nahte.

Da stieß mich mein weißes Lamm,
aller Sanftmut vergessend,
mit seinen kräftigen Hufen
mit jäher Wucht
vom Schertisch,
streckte seine Füße gegen mich,
bäumte sich auf wider alles,
was Mensch war,
opferte meine Liebe,
um sich zu retten.
Aber alles war verloren,
das Schaf überwältigt,
ich auf den Boden gestürzt
und schrie und schrie:
Warum
hast du mich
verlassen.

HAFT

Wo die Freiheit aufhört,
fällt das Licht
um einen Streifen
schmaler.

Zeichen für Eingeweihte,
fortgeworfen ins Dunkel
hinter der Tür,
wo die Freiheit aufhört.

Fleisch und Blut ist Haft.
Atmen ist Haft.
Wir sind von Geburt an
verhaftet.

Sitzen in unseren Zellen
mit unserer Schuld.
Suchen Schlüsselworte,
vielerlei Schlüssel,

von Geburt an,
wo die Freiheit
aufhört.

TORSO 1

Immer noch
Mund und Nase,
auf Fütterung lauernd,
unversehrt
im deformierten Gesicht.

Augen,
geöffnet
noch immer,
gerichtet auf
nichts.

Füße,
zum Rundgang
tauglich
noch nach zehn Jahren
Haft.

Die Seele
weggeschlagen.
Nur im Phantomschmerz
noch spürbar
Liebe
und
Zorn.

TORSO 2

Nach zwölf Jahren ohne Bäume
hast du dich in einen Baum
verwandelt.
Zweige wachsen aus dir.

Du stehst aufrecht.
Träumst Wurzeln.
Deine Hand eine Ranke,
die über die Mauer greift.

VISITE

Weiße Kittel.
Sie fingern an ihr herum.
Reden über sie weg.
Als ob sie nicht da wäre.
Palpieren, kontrollieren.
Wissen. Nicken sich zu.
Gehn dann.
Als ob sie nicht da wäre.
Ein Körper.
Dabei und danach
allein.

HIMMEL OHNE STERN

Leer war das Meer,
leer die Winter-Erde,
leer der Weg der Weisen
mit ihrem Traum vom Licht,
in dem Völker wandeln,
von einem König, geboren
in Pracht und Macht.

Leer auch ihr Schrei, ihr Blick
in den Himmel -
'wir sahen seinen Stern
im Morgenland'.
Leer dieser Himmel,
Himmel ohne Stern.

Nur ein Stall.
Nur dieses Kind im Stall.
Leer die Erde, das Meer.
Nur die Seelen,
ohne Zeichen, ohne Stern,
ins Leere gebeugt
über Leere -

doch
glaubend.

HERODES

Sie sahen einen Stern, so sagten sie,
und sahn mich schläfrig mit der Dogge spielen,
die auf den goldnen Fliesen ihre Läufe kreuzt.

Sie haben die kugligen Augen von Trinkern,
die große Gebärde der kleinen Entdecker,
redselig und lauernd zugleich. Ich bin müde.

Ich habe andre Reisende gesehen,
die reinen Heimatlosen, die sich grämen,
wenn Unerwartetes Erwartung weckt.

Die reisen nur, um unterwegs zu sein,
und fürchten immer, einer würde sagen,
sie wären angekommen und zu Hause.

Da gehn sie Hand in Hand, die weisen Drei.
Im Hafen liegt ihr Schiff, und in den Masten
singt ein Matrose, was die Dichter wissen:

Oh Tod, mein Kapitän, die Anker lichte
vom Land der Weisen und der Langeweile!
Laß uns im Niegewußten singend scheitern.

FLAMINGO

In diesem Vorfrühling,
da Hagel und Schnee
noch anhalten,
will ich,
ehe er vergessen wird,
einen Flamingo beschreiben,
der an einem Morgen
im März
an einer Autostraße
bei Duisburg
auf mich zuflog -

über das Schneefeld
rosenrot ruhig heranglitt
wie eine Blume,
als hätte der Wind eine Blume
hoch in die Luft geweht,
während der Schnee herabfiel,
die Welt verheerte wie stets -

während ich
unter undurchlässigem Himmel
fast das Leben begriff:
das Abenteuer eines Vogels,
über dem Schlamm
einen Augenblick ruhig und rosenrot
segelnd im trüben Licht -

das wahrscheinlich
an der nächsten Ecke
enden wird,
sei es durch Schüsse, sei es
am Teich eines Tierparks
in Rilkes *blühendem Beet.*

SOMMER

Der Himmel glüht,
die Welt wird erdrückt von Grün,
ich könnte in die Sonne gehn
ganze Tage.

Etwas
hält mich immer im Schatten,
dunklere Farben,
Hunger danach, wie es war.

Meine Einsamkeiten wachsen
gefährlich,
meine Erinnerungen gewinnen
gewalttätig Gewicht

wie vor einem Gewitter,
wenn ein Umriß schärfer wird,
die Ferne die Flügel öffnet,
wenn es blutet unter der Haut

und ich mich frage, was mit dem Schnee
geschieht,
der noch vom Winter
auf den Bergen liegt,

unberührt
vom Frühling
wie ein verläßlicher
Traum.

HERBST IN HUGENPOET

Im Sommer hockten die Türme
wie Kröten auf dem Haus,
sprungbereit.

Jetzt lagen sie lauschend,
lastende Löwenhäupter,
von Nebel eingekreist,
lautlos im Laubschnee.

Kaminglut schien blaß aufs Wasser.
Einer glitt vorbei
im weißen Kleid.

Wie Dunst standen unsere
Gedanken am Ufer,
Fäden von Leben,
zu Märchen aufgewebt.

Später
nahm der Winter sie mit.

SCHNEE

Schnee wird fallen über Nacht.

Über Nacht in weißen Wellen -
nie mehr findest du die Stellen,
wo der Sommer sich vollbracht.

Und wir fallen schwer in Schlaf.

Wenn sich Luft und Wolken ballen
über Nacht, denn Schnee wird fallen,
und wir fallen schwer in Schlaf.

Du wirst alt sein über Nacht.

Über Nacht in weißen Haaren -
und du siehst es erst nach Jahren,
wenn du weinend aufgewacht:

Über Nacht ist Schnee gefallen.

GEGEN ABEND EIN ORANGENBAUM

Dann werden wir allein sein.

Und auch
die zärtlichen Augen
werden sich abwenden
und uns für immer verlassen.

Sie werden uns
dem Dunkel der Erde ausliefern.
Dann wird jeder gelebte Tag
nie gewesen sein.

Jede Nacht.
Deine Hand auf meinem Gesicht
wird sich von mir lösen wie ein Blatt,
das der Herbst mit seinem Fieber heimsucht.

Dann werden wir allein sein.

Aber vielleicht
flieht ein Gedanke an uns
in ein lebendiges
Herz.

Vielleicht
bewegt sich ein Orangenbaum
gegen Abend in Trauer,
Erinnerungen flüsternd an die frühen Tage.

Dann werden wir es hören.

Wir werden
mit kalten Händen an den Särgen tasten
und meinen, daß der April wieder käme
mit den Leiden der Liebe.

NOVEMBER

Es schneit.
Auch auf deinem Grab
wird es schneien,
und du wirst es
mit den toten Augen
sehn.
In der harten Erde
wirst du frieren.
Du hast oft gefroren,
denke ich.

Auch ich
friere.
Die Kälte kriecht zäh
ins Haus.
Die Verse sind verglüht
wie Scheite,
haben den Sinn
verloren.
Haben nichts hinterlassen
als Rauch.

Doch für dich
will ich wieder
schreiben,
Worte auflesen,
wie man in den Wald
Brennholz sammeln geht.
Worte, damit sie dich wärmen.
Da wo du bist.
Von innen.
Wenn draußen
dein Grab
verschneit.

DER RABE

Ein Vogel ist,
den ich vor langen Jahren
bei jenem grauen Turm
in London sah.
Er habe, sagten sie,
zuviel erfahren.
Nun saß er schwarz
und ohne Anteil da.
Doch heißt es,
daß er stumm bei Tag und Nacht
den alten Königsschatz im Turm
bewacht.

Es ist ein Traum,
den ich heut' nacht erfahren.
Nach allem Leid
lag ich verloren da.
Verloren, sagten sie,
so jung an Jahren:
Weil ich den schwarzen Vogel
wiedersah.
Nun weiß ich,
welchen Schatz er stumm bewacht.
Ich sah den Turm von innen
in der Nacht.

BENNS BEGRÄBNIS

Immer wollte er im Sommer sterben.
Noch in einem seiner letzten Gedichte
hatte er das gesagt.

Und nun
entschwand er in der Flamme
dieses New Yorker Julitags.
Leer lagen die Straßen, wie verdorrt
standen die hohen »Blumen des Bösen«,
Empire Building und Chrysler,
und Sonne lähmte vor der Library die Löwen.
In den Hängenden Gärten, vor dem
Pariser Café, brannten einsam die Bänke,
Rosen welkten wie stets, und der Himmel,
gleichgültig gegen die Geschäfte der Welt,
sank wie sonst in den Abend.

Fern dem Toten
schloß der fremde Erdteil die Augen.
Ahnungslos zerrissen gelbe Lichter die Dämmerung:
Pepsi Cola – the light refreshment,
Budweiser – the preferred beer everywhere.
Käme er hier vorbei,
er würde sich eilen
wie in der Wüste, an einem düsteren See.
Er würde nicht wissen,
was er hier suche, von Ungeheuern bedroht:
Newsreel Theatre, wild naked men and beasts,
raw realistic. Wirklichkeit, von der er wußte,
war ein anderer Ort.

Nun weiß er nichts mehr.
Blind ist sein Blick für Irrsinn und
Größenwahn, die um ihn weiterleben:
Freundinnen sortieren seine Briefe,
sein Verleger rechnet die zu erwartende
gesteigerte Nachfrage nach seinen Büchern aus,
der Wert seiner Schallplatten wächst rapide an:
Johnnie Walker, born eighteentwenty,
still going strong.

Menschlich war er wie wir.
Alles aber haben Verse bezahlt:
politischen Irrtum, oft wunderlichen Geschmack,
seines Körpers Beschwerde, sein Ich.
Die Welt stieß ihn zweifelnd in Träume,
in der Einsamkeit Wald, ins Geheimnis,
das keinen zu bekehren verlangt.
Die Welt hält fest an Irrsinn und Bestechung:
Lowell Thomas' eight wonders of the world,
reserved seats. Aber morgen und immer von nun an
überwacht das Getriebe der Welt eines Schlafenden
                                        Stimme,
überlebt es ein Wunder, sein Wort.

DER DELPHIN

Laßt die Bitten, Freunde, laßt die Fragen,
denn was soll es, daß ihr mich erwählt?
Ihr wißt nur von meinen leichten Tagen,
doch die dunkeln habt ihr nicht gezählt.

Ich will weiter auf den Flüssen fahren,
es ist nutzlos, daß ihr mich so quält.
Denn ich habe mich vor vielen Jahren
einem mächtigen Delphin vermählt.

Niemals seh' ich ihn, denn er muß schlafen
irgendwo im Tiefen, wo er lebt.
Manchmal singe ich in einem Hafen,
weil ich weiß, daß er das Haupt dann hebt.

Weil ich weiß, er lauscht dann mit den weiten,
übermüden Augen in den Wind.
Keiner soll mich je zur Nacht geleiten,
bis wir beide einst beisammen sind.

SCHREIBEN

Leben -
der Brandstifter,
der mich ständig
an den Abgrund drängt.

Schreiben -
das Sprungtuch,
das mich immer
auffängt.

IN HELLABRUNN

Einem Steinbock
habe ich heute geklagt, daß
der Mond so nah gerückt und
für einen Poeten
entleert ist.
Was sind Regolithe und lunare Basalte
gegen Matthias Claudius und Goethe,
gegen einen Füllestwiederbuschundtalmond,
den es nie mehr gibt.

Der kräftige Bock stand oben
auf einem Steinhaufen,
neben dem Ziegen und Gemsen,
Murmeltiere und Marder herumlagen,
und stieß ein Steinhuhn hinab.

Ich hause hier in diesem Freigehege,
sagte er, hinter diesem Zaun.
Du siehst, die Alpen
sind es nicht, aber
man lebt. Ob der Mond
aus Lavasteinen besteht
oder den poetischen Bildern
vergangener Jahre
entspricht,
scheint mir da nicht
so wichtig. Auch unter dem alten
Mond blieben die Seelen
im Dunkel, sie
leben ohne Licht, so wie
wir ohne Berge
leben. Auch auf einem Steinberg
kann man leben, auch
hinter einem Zaun.

Die Bäume können ohne Laub
leben. Das verdorrte Gras
wird immer wieder
grün und der Himmel blau,
von Wolken bedeckt
kann er leben.
Auch mit einer Krankheit
kann man leben, man kann auch
gesund werden. Etwas haben zum
Hochkommen, etwas zum Festhalten:
Steine für mich
und für dich deine Flügel,
das Wort.

BEFUND

Wenn das Herz aussetzt,
der Kreislauf kollabiert,
kommen die Ärzte und haben
ihren Befund.

Wir können versteckter
sterben.
Ohne daß der Puls
flackern muß.

Die Schmerzen sind Sekrete
nach innen,
keiner Sonde erreichbar.
Sekrete aus Drüsen,
die man nicht
röntgen, spiegeln, nicht
punktieren kann.
Drüsen, langsam zersetzt vom
eigenen Saft.

ICH BIN EIN MENSCH

Wenn ich nur
ein weißes Schiff wäre

und ein weißes
Segel auf dem Schiff,

ein weißer Vogel,
dieses weiße Blatt.

Ich wäre leicht,
mich trüge das Meer

und der leichte
Wind auf dem Meer,

eine leichte Wolke,
mich trüge der Himmel.

Oder ein Baum,
wenn ich nur ein Baum wäre,

eine graue
Wurzel unterm Baum,

ein Stück Erde,
ein Streifen Mond, ein Stein -

wenn ich nur
nichts wüßte nichts wüßte.

Wenn ich nur
nicht wäre, was ich bin.

NACHRUF AUF EINEN PAPAGEI

Freude
aus fremdem
Erdteil,
geschenkte
Farbenpracht.

Prüfen
des Orts
im Auge.
Im Auge
Horchen
auf mich.

Träume
von Flügen
im Auge.
Im Auge
Herzschlag
für mich.

Beim Fallen
die zerfetzte Stille
im Auge,
ohne Anklage
gegen mich.

Nachbebende
Federn
für immer
in meinem
Auge.

LIEBESLIED

Wärst du
eine Träne
in meinem Auge,
ich würde niemals
weinen.

Wärst du
ein Tropfen
von meinem Blut,
ich verletzte mich
nicht.

Wärst du
mein Lied,
wir würden
vom Ende des Winters
singen mitten im Winter,
vom Ende des Grauens
inmitten allen Grauens.

Wir würden singen
vom Anfang.

GEH LEISE

Geh
leise leise
in die lange
Nacht.

Vergiß
das Kind,
das fern im Schlafe
lacht.

Den
Vater,
der sich fernes Land
erwarb.

Den
Bruder,
der in fremden Händen
starb.

Und
sei allein.
Und hab dich selbst
verbannt.

Und
nimm den Tod
gefaßt an deine
Hand.

So
geh und schweige.
Auch der Tod ist
stumm.

Wie
Mond und Baum
und Stein. Und kehr nicht
um.

Und
komm nicht an.
Und suche nirgends
Licht:

Der
Engel
sah dich lange. Fürchte
nicht.

ABSCHIED

Wenn es Nacht wird,
will ich gehen.
Schlafend
laß ich dich
allein.
Deine Worte,
weiche Worte,
weiß ich,
könnt' ich nicht
bestehen.

Du mußt still sein,
liebes Lehen,
still wie ich:
ein schöner
Stein.
Laß mich leuchten.
Laß mich leuchten.
Wenn es Nacht wird,
laß mich
gehen.

HERBST 1

Ich hänge meine Seele in den Wind.
Nicht länger kann ich sie in mir bewahren,
den Träumen, ihren tödlichen Gefahren,
setz' ich sie aus nun ungeschützt und blind.

Ich suche nicht mehr nach dem fernen Kind.
Ich gehe hoffnungslos durch leere Straßen.
Da sind noch Spuren, wo einst Freunde saßen:
Sie rühren nicht, sie schweigen ohne Maßen.
Wer weiß, ob wir uns je begegnet sind.

HERBST 2

Ein alter Mann zieht singend durch die Nacht.
Singt von Septembern, Rosen, blauen Fernen,
singt von Levkojen, späten Meeren, Sternen:
Sie hielten einst „über den Küssen Wacht".

Längst haben sie ihn heimatlos gemacht,
um die er seinen Mantel fest gebunden,
die vielen unverheilt verhüllten Wunden.
Er singt. Es sind schon seine letzten Stunden.
Er singt. Er hat noch stets ein Lied gefunden.
Und keiner sieht, wie er im Dunkeln lacht.

Für Gottfried Benn

ABEND IN ARLES

Vielleicht bin ich gar nicht
auf Reisen,
neunzehnhundertundsiebzig
in einer südlichen Stadt.

Vielleicht lebte ich wirklich
in dieser Straße mein Leben,
im zwölften Jahrhundert
im Kreuzgang von Saint Trophîme.

Auf und ab gehend,
Gebete flüsternd,
den sanften Aposteln lauschend,
Glocken und Vögeln.

Ohne Schmerzen,
zufrieden mit soviel Licht,
wie die verlassene Sonne, Dämmerung breitend,
in die Winkel des Klosterhofs wirft:

Vielleicht lebte ich wirklich
in dieser Straße,
und du weißt in deinem Garten
gar nichts von mir,

weil ich lange schon
tot bin.

IN AVIGNON

Fielest du hier an mein Herz,
es läge nicht gefangen in der Festung,
von der brechenden Brücke
stürzte es nicht mit der Sonne
tot in den Fluß.

Es würde tanzen
von Ufer zu Ufer
über glänzende Wasser,
in denen niemand starb.

Auf den Bänken der Bettler
würde es schlafen,
fielest du hier an mein Herz.

DÜSSELDORF

Die Stadt
atmet.
Nur ich
höre sie
atmen.

Ich sehe nicht
ihr Gesicht,
sie dreht den Kopf
zur Seite.

Im Schnee finde ich nicht
ihre Spur,
sie sorgt
für Tauwetter.

Aber ich
höre sie
atmen -

wie diesen Schwan
im Hofgarten,
der entschlossen
unter glänzenden Schwingen
die plumpen Füße verbirgt

und vollendet,
im Morgen,
zur Zeit tiefen Blutdrucks,
sobald die Sonne aufgeht,
gegen das Licht startet
und fliegt.

Ich male
den Atem.

DIAGNOSE

Es wird sein wie immer.
Dasselbe Zimmer.
Dieselbe Sonne, die ins Zimmer fällt
bei Tagesanbruch.

Sie hört friedlichen vertrauten Morgenlärm.
Es wird sein wie immer.
Die dumpfen Stimmen in den anderen Zimmern.
Die Schritte der Patienten auf dem Flur.

Die Schwestern, die hineingehn mit der Waage.
Die Infusion, die in die Vene tropft.
Die Kinder werden kommen, die nichts ahnen,
mit Blumen.

Er wird lächeln. Wird den Puls fühlen.
Von einer Erkrankung des Rückenmarks sprechen,
die nur Geduld verlangt.
Es wird sein wie immer.

Was kommt, ist anders.
Was kommt, sieht er allein.
Steine. Ein Nest aus Steinen.
Unter Steinen ein Versteck im Schnee.

GENESUNG

Etwas kündet sich an.
Ein Morgen, doch ohne Helle.
Eine Stille, in die kein Vogelruf dringt.

Das Kind, das lange krank war,
fühlt immer seine Krankheit wieder,
wenn es aufwacht.
Im Fieber sah es Blumen,
die in der Sonne stehn.
In der Morgendämmerung
erwacht das Kind zwischen Mauern
und blickt durch die Scheiben und friert.

Noch denkt es, daß man danach
wieder gesund wird.
Es sieht sich hinausgehn, eines Tages,
sieht den Himmel, das Meer,
Vögel, Schiffe aus Licht.
Eines Tages geht es hinaus,
und da sind die Blumen gepflückt,
die Vögel geflohen.
Eines Tages ist der Sommer verbraucht.
Von Gesunden.

BIOPSIE

Auch das ist Leben,
Zellen, die stillhalten,
unter Nadelspitzen,
unter dem mächtigen Auge des Mikroskops.
Graue Zellen,
eine Wüstenlandschaft,
eine Landschaft mit Bäumen.

Punktiert unter Vorsichtsmaßnahmen
und bei Ausschluß von
Blutungsneigung
aus der Leber zum Beispiel
direkt durch die Bauchwand
oder unter Leitung des Laparoskops,
wobei Auswahl besonders
krankheitsverdächtiger Stellen
möglich ist.

In Alkohol- und Xylollösung,
in der bewegten Phase
des blaugrünen Chromatogramms,
der Papier-Elektrophorese,
in Proteine und Enzyme aufgetrennt,
in Forschungskurven übertragen,
geben sie Auskunft über
Insuffizienz, Ikterus, Zirrhose und Atrophie.
Zellen, die stillhalten.

Vielleicht
würden sie lieber
ihr dunkles Leben leben,
unzerstückelt, in einem Bauch,
sich vermehren, sich auffressen,
Mut fassen in den Momenten
zwischen Hunger und Schlaf,
Glykose speichern, Galle produzieren,
mit allen Fasern
ihr Feld bestellen,
ihre kotige, blutige, dumpfe, winzige Welt.

Doch belichtet,
unter Kontrolle,
verstümmelt für Versuche,
die gelingen können oder nicht,
ihr Leben lassend
für die Rettung des Lebens,
atmen sie aufgeschlüsselt,
nicht zu entschlüsseln,
alles Geheimnis.

Für Max Michel Forell

ORTHOPÄDISCHE KLINIK

1
Ausgeschlossen
sind sie
von den Spielen
in den Gärten,
vom Laufen auf langen Straßen,
vom Bäumeklettern, Seilspringen,
Tanzen.

Gehen, gehen.
In jedem Bett denkt
einer daran.
Ein wenig stöhnt er und
ein wenig lacht er,
ein wenig wendet er den Kopf,
nur den Kopf,
vom Hals bis zu den Beinen
eingegipst.

Gehen.
Einer singt.
Einer erbricht die Narkose.
Er hat jetzt
einen Metallstab im Rücken,
mit dem er sechs Monate
stilliegen muß.

Skoliose.
Ein Säugling liegt seit Wochen
im Streckverband.
Knochenkrebs.
Ein sechzehnjähriges Mädchen
hat eine Beinamputation
gut überlebt.

Querschnittslähmung.
Muskelatrophie.
Gehen war vorher.
Liegt draußen.
Erinnerung.
Zukunft irgendwann,
vielleicht.

Vielleicht an Krücken.
Vielleicht in einem Gestell.
Vielleicht mit einer Prothese.
Vielleicht
nie mehr.

2
Sich bewegen
in Träumen.
Sich stehn lassen
eines Tages.
Von sich abspringen
zu den anderen.

STATT EINES VATERLANDS

Zu Hause bin ich
bei Dogan Gezek,
einem Kurden, der
in seiner Zelle in Werl
von seiner Heimat singt,
in die er nie mehr
zurück kann;

zu Hause bin ich
bei Gereon Goy,
einem Mulattenjungen.
„Wer hat dir den Kakao
ins Gesicht geschüttet?"
rufen die Kinder
ihm im Sandkasten nach.
Er weint. „Mach dich braun",
verlangt er von mir;

zu Hause bin ich
bei Sandra Hand,
die mit fünfzehn Jahren
ihr linkes Bein verlor,
die ihren Freund,
die den Zauber
der ersten Liebe verlor;

– weil sie auf die Erde kamen
wie ich;
weil sie Schmerzen haben
wie ich;
und weil ich sie trösten darf
wie sie mich.

UMSCHLUSS

Ich schreibe einem
Lebenslänglichen.
Einem, der versucht hat,
seinem langen Leben zu entgehn.
Der es vielleicht gerade heute
wieder versucht.
Mein Brief geht sofort ab -
aber das reicht nicht, das
reicht nicht.
Ein Brief, der geöffnet, der erst
zensiert werden muß.

Es ist Sonntagmittag, ich rüttle
an der verriegelten Tür.
Der Schließer muß kommen, muß mich
umschließen
zu allen.
Es ist keine Gefahr.
Ich säge nicht
an den Gittern.
Ich verstoße nicht
gegen die Sicherheitsforderung.
Ich will niemand belehren.
Nur bei denen sein,
die für mich
schuldig wurden.
Und für dich.
Und dich.

ROLLENTAUSCH

Heute
ging ich ans Fenster.
Ich wollte
den Himmel sehn.
Ich sah den Himmel
vergittert.

Ich wollte
schreiben.
Fand die Worte
von Mauern
umstellt.

Heute
träumte ich.
Ich lag
auf deinem Bett.
Eingeschlossen.
Die verriegelte Tür
vor mir.

Neben mir
Klopfen.
Über mir
Schritte,
fünf Schritte hin
und zurück.

Herzschmerzen.
Diagnose
Bewegungsmangel.
Seltsam, irgendwo
hat man also
auch als Häftling
ein Herz.

ICH WEISS NICHT, OB DER MOND SCHEINT

Spät fällt der Abend
auf meine Straße herab.
Weder was ich gelebt
noch was ich geträumt habe,
kann mein Verlangen stillen,
das mit der Dämmerung
leise in mich hineinströmt,
mich verstört.

Und in den Bäumen über mir
ein feuriger Herbst.
Astern flammend.
Einmal im Monat
gehe ich diesen Weg.

Einen Monat
fiel der Regen, wuchs
auf dem Acker das Brot.
Der Fisch
konnte im Meer atmen.
Ich allein lebte nicht.

Nun lebe ich.
In einem Kerker
geht eine Blume auf.
Nun bin ich bei dir.

Ich höre den Wind nicht.
Ich höre die Stille nicht.
Ich weiß nicht,
ob der Mond scheint.

Ich sehe
im Stacheldraht,
aufgespießt
auf einem Dorn,
zwei zitternde
Flügel.

BIS DIE TÜR AUFBRICHT

Komm zu mir, ich komm'
zu dir
ohne Tür
und Licht.
Hinter allen Gittern
lasse ich dich
nicht.

Dein Gesicht im Schlaf
möcht' ich,
deine Seele
sehn.
Einmal wirst du Innigkeit,
einmal bestimmt
verstehn.

Und solange
ringen wir,
und wir suchen
Licht.
Komm zu mir, ich bleib' bei dir,
bis die Tür
aufbricht.

LEBENSLANG

Das Verlangen
nach Freiheit bleibt.
Die Gitter
bleiben.

Der Hunger
nach Gerechtigkeit,
nach
Glück.

Die Unschuld
bleibt bei den Kindern.
Die wunderbaren Jahre
sind vorbei.

Wir müssen
die Augen aufschlagen.
In den Blick fassen
uns und die anderen:

Die Schuld
auf uns nehmen
vor uns
und den anderen.

Die Liebe
annehmen,
die sich, ein Vogel,
immer wieder
erhebt.

Die Liebe
geben.
Geben
lebenslang.

WAGNIS

Meine Stimme mein Schiff,
zerbrich nicht
auf hoher See.

Halt aus.
Du hast nur den Himmel.
Keine Hoffnung auf Land.

Dein Segel reißt.
Sirenen locken.
Zerbrich nicht.

DAS WORT

Ich sage nie mehr
das Wort.

Wenn du fort bist,
lauf' ich hinunter ans Meer
und werf' es ins Wasser.

Wenn du fort bist,
wird es ein Stein.

DU

Du hast dein Gesicht
auf mein Gesicht geschrieben,
deinen Blick
in meinen Blick gelegt.

Auf deine Tage
gründet sich mein Traum,
meine Stummheit
auf deine Stimme.

Du lächelst im Licht
meiner Traurigkeit.
Du hast dein Geschick
in mein Geschick gewebt.

EHE

Täglich
Abreisen planen.
Mit Koffern
auf Bahnsteigen stehn.

Die Züge
fahren lassen.
Täglich
bleiben.

GENERATIONEN

Mir kann das nicht
passieren,
sagt sie, es gibt,
Gott sei Dank, Mittel,
man hat Pflichten gegen
sich selbst.

Mir ist das
passiert.
Und dann -
und dann?
Dann wurdest du
geboren.

WHISKY

Black and White -
ich will trinken.
Weit
sind Sterne und Gott.
Ob wir steigen,
ob sinken:
Little things
mean a lot.

Little things -
Torf und Feuer.
Tränen
sind lange geweint.
Dies
ist das Abenteuer.
Nun lebt
der gute Freund.

Black and White -
ich will singen.
Little things,
Rauch und Traum
steigen auf
und umschlingen
scheu
den einsamen Raum.

Little things -
Glut und Gären.
Leid
tropft langsam vom Rand.
Leise
geleiten uns Fähren,
leise
ins neue Land.

Black and White -
ich will trinken.
Life too
is black and white.
Doch ob wir steigen,
ob sinken:
Jetzt ist
die gute Zeit.

DER LASTTRÄGER

Er trägt gebückt der andern Bürde.
Sie geben wenig Lohn.
Sie meinen, er hat keine Würde,
er schleppt das schon.

Man sieht ihn meist am Hafen stehen,
bis einer ihn bepackt.
Dann müssen seine Füße gehen,
sie sind nackt.

Bahnhöfe kennen ihn am besten.
Für einen Gin
trägt er den Herren in karierten Westen
die Koffer hin.

Und manchmal, wenn an einer Treppe
Wind ins Gesicht ihn schlägt,
sind Wind und Angesicht und Arm die Steppe,
die schweigt und trägt.

Dann muß er Augenblicke rasten
und sieht die Kunden nicht.
Ihm dämmert unter ihren Lasten
der Welt Gesicht.

SCHACH

Der schwarze König schreit
und verhüllt das geschnitzte Gesicht.
Rote Falle, letztes Quadrat, einen Ausweg
gibt es nicht.

Der weiße Fluß springt sanft
hinter dem Fenster fort,
und Schiffe errufen sich dort, als wär' es ein
harmloser Ort.

Aber die Bäume sind krank,
und sie krümmen sich leise vor Pein:
Seht, die Nacht bricht herein, der König
ist ganz allein.

Der schwarze König träumt,
in den bösen Berg der Welt
eingeschaufelt. Turm und Springer halten ihn
ewig umstellt.

Die Straße reist und steigt
hinter dem Fenster weit,
und Kinder verspielen ihr Leid, als gäb' es die
freundliche Zeit.

Aber die Bäume sind krank,
denn sie haben die Hoffnung nicht mehr:
Seht, der Spieler entfloh, der blaue
Sessel steht leer.

Der schwarze König singt,
in dem brennenden Haus der Welt
eingekerkert. Tod und Liebe halten ihn
ewig umstellt.

Der schwarze König singt,
und er hebt das geschnitzte Gesicht.
Rote Falle, letztes Quadrat, einen Ausweg
gibt es nicht.

DIE RATTE

Ich höre manchmal nachts
ein fremdes Pfeifen
auf der Terrasse
vor dem Schlafgemach.
Von einem langen Schwanz
ein leises Schleifen,
und ein Geruch von Moder
strömt ihm nach.

Ich sehe manchmal morgens
leichte Streifen
auf meinem Gartenwege,
wenn es taut.
Und schmale Schächte,
wie von dürren steifen,
gestorbnen Wesen in den Sand
gebaut.

Das ist die Ratte.
Tod und Schweigen reifen
und drohen dumpf im Dunkel
unter mir.
Das ist die Ratte.
Ihrem bleichen Schweifen
verschließ' ich schaudernd Tag und Nacht
die Tür.

Umsonst. Ich fühl' die Graue
nach mir greifen.
Die Böden wanken schon.
Bald ist es aus.
Ich lache manchmal noch.
Doch nur ihr Keifen
hallt hoch und hohl und gierig
durch das Haus.

TRÄUME

Mein Wasser
Traurigkeit,
mein tiefer Fluß -
die Träume ziehen vorüber
wie Schiffe ohne Licht.

Du trägst die dunklen Träume.
Aus deiner Flut
steigt jede Nacht ein Schatten -
und über mein Herz gebeugt,
trinkt er gierig mein Blut.

MÄRZ

Wieder die Vögel.

Ihr Geflacker
in den Ampeln der Blätter.
Wieder im warmen Wind
seufzend und glühend
die Ballette der Blumen.
Wieder mein Traum
und meine Traurigkeit.

Laß mich schlafen.
Kalt lag das Land
unter dem kalten Mond
in seinem Grab aus Schnee.
Nun will dein Ruf
das Leid wieder aufreißen.
Nun wird die Erde blühen
unter dem blauen Himmel,
die Äcker öffnen sich,
die Steine wollen singen in der Sonne.

Wieder meine Angst.
Wieder die Vögel.

ENDE AUGUST

Wenn die Wolken
von wattigen Flocken
zu grauen Ballen
wechseln,

die Köpfe der Bäume
träumen
in schärferem Licht,

wenn deine Stimme
in plötzlicher Angst
die Zeugen des Sommers
auslöscht,

dein Wort
wie einen Rasensprenger abschraubt,
deine Wärme
wegnimmt, diesen Lampion,

Erinnerungen
einrollt
wie ein Planschbecken aus Plastik
Ende August

in einem Garten, der
nach Phlox und Nüssen riecht,
steht Rauch auf Feldern,
Schatten, Abschied, Nacht.

SEPTEMBER

Noch ist Zeit.
Noch fallen nicht die Schatten.
Stille. In den Bäumen
schläft der Wind.
Licht und Blumen
glühen in Rabatten
unter einem Himmel
blau und blind.

Trauer. Und du
willst die Schwalben halten
und die Rose, wie sie
stirbt und schweigt.
Und du ahnst,
wenn sich die Blätter falten,
einen Kranich, der zum
Himmel steigt.

Wer ihn sucht,
wird fern vom Ziel ermatten.
Wer ihn ruft, wird ohne
Antwort sein.
Noch ist Zeit.
Noch fallen nicht die Schatten.
Warte stumm, und leise
schwebt er ein.

UMBRUCH

Ich weiß nicht, wo ich
nach diesem Abend
noch andere Abende suchen soll.

Der Wind zerbrach mir jählings
das Licht dieser silbernen Tage.

All die Vögel des Lichts -
wahnsinniger Träume Vögel -
tot vor den Schwertern des Winds.

Ich weiß nicht
nach diesem Abend.

DER MANNEQUIN

Die Mode meiner Einsicht
fand endlich einen Käufer, dem sie steht.
Ich bin soweit, ich kann schlafen.

Fünf Schritte vor, fünf zurück, dazwischen die
Wendung (nicht zuviel Schwung, nur nicht stürzen), das war
der Weg.
Manchmal verweilte ein Blick, manche wollten probieren,
aber die Köpfe erstickten im Ausschnitt, und ihre
fleischigen Hüften zerrissen den schlitzlosen Rock.
Ach, sie sind alle zu plump, sie essen und trinken
alle zuviel, und sie feilschen zu lange,
handeln und handeln, denn alle
bezahlen nicht gern.

Fünf Schritte vor, fünf zurück, ja dies muß man
erfahren: Was unsern ersten vom letzten Schritt trennt, ist
nur
Zeit, aber sie bleibt vor verschiedenen Füßen nicht gleich.
Weiterkommen und andre überholen kann jeder, der starke
Nerven und das
kältere Herz hat; aber *zurückgehn,* weil einer am Weg blieb,
der uns
aus Zerstreutheit einst nach dem Leben getrachtet, immer
wieder
zurückgehn, immer wieder – ohne Trotz oder Furcht und
ohne die
Hintergedanken von Spott oder Hoffnung – vor ihm
anhalten, um vielleicht
zu erfahren, daß er sich auf kein Gespräch mehr einläßt;
immer wieder
zurückgehn können nur die Verlorensten von uns, die den
weitesten Weg längst bewältigt (in einer einzigen Nacht,
und von
keinem gesehn und getröstet), und die nahe am Schlaf sind.
Sie allein wissen, daß selbst der Unheilbare gerettet werden
kann, nicht
wenn er nach Salerno reist, sondern wenn einer,
ohne daß er es müßte und ganz ohne Hochmut und Mitleid,
sich opfert.

Sie allein glauben, daß jederzeit alles noch möglich, da es ja
nur
einer Handbewegung bedarf, um Jahrzehnte der Feind-
schaft zu streichen.
Und sie warten einfach und leiden, denn sie haben es
einmal gelesen
auf einem goldenen Stein, dem Stein vor der Kreuzung, daß
keiner mehr trägt, als ihm zukommt, weil immer
größer noch als unser Unglück die heimliche Schuld ist.

Fünf Schritte vor, fünf zurück, und dann sah ich
sie stehen: schmal wie ein Stockschirm und sanft eine
schwarze Gestalt.
Sie begehrt nun mein Kleid, ihre blicklosen Augen
folgen den Farben und Falten und bieten den Preis.
Und er ist hoch genug, er
heißt: Nichtsmehrzufürchten,
Nichtsmehrzuwünschen als dieses, die
grundlose Hoffnung.

Fünf Schritte vor, fünf zurück, man beginnt zu
begreifen: Was unser Kleid unterscheidet ist, wie wir es
tragen,
und wir sahen nur einen, nur diesen Dunklen, der unsre
Weise versteht.
Erwählen und Verwerfen kann jeder, der urteilt und aus-
gleicht und

viel von Gerechtigkeit hält; aber *zurückgehn,* weil einer am
Weg blieb, der
abwesend fast, fast versonnen dem schweigenden Kind
einst Gewalt tat, immer wieder
zurückgehn, immer wieder – ohne Widerspruch oder
Gegenwehr und ohne die
Hintergedanken an Recht oder Rache – bei ihm aushalten,
um vielleicht
zu erfahren, daß er nichts mehr ganz ernst nehmen kann;
immer wieder
zurückgehn können nur die Verlorensten von uns, die die
schützenden
Gärten verließen, mit verstümmelten Füßen die dunkelnde
Straße hinabgehn und nahe am Schlaf sind.
Sie allein wissen, daß auch das Unwiederbringliche zurück-
kehren kann, nicht
wenn am nämlichen Tage der König den Weißen Hirsch
aufgibt, sondern wenn einer,
ohne daß er Erfolg hat und gewiß, daß er nicht
mit dem Leben davonkommt, am tausendsten Tag sich noch
aufmacht.
Sie allein glauben niemals, daß alles zu Ende, da es ja nur
eines Wortes bedarf für das Wunder.
Und sie warten einfach und leiden, denn sie haben es
- einmal vernommen
von einer Muschel am Meer, dem Meer Unbefahren,
daß keiner, der liebt, nicht erhört wird, weil immer
tief nach dem grausamen Tag der gewährende Traum ist.

Der Abend ist gekommen,
der Käufer naht, der Käufer nimmt das Kleid.
Ich bin soweit, ich kann schlafen.
Ich bin soweit, ich kann schlafen.

NUR EINMAL

Nur einmal eine Taube
hoch über mir im Wind.
Das Zeichen, das ich glaube,
das Wort, ich sei Sein Kind.
Sein Kind und nicht zu Raube
der Welt, die dumpf verrinnt.
Nur einmal eine Taube -
und dann für immer blind.

Nur einmal eine Stunde
in meines Vaters Haus.
Es ist die alte Wunde,
hier blutete sie aus.
Nur einmal Ihn zu fragen
dies eine Wort warum.
Nur einmal Ihm zu sagen -
und dann für immer stumm.

Doch das wird nie geschehen,
es gibt ein dunkles Nein.
Der Wind wird immer wehen,
ich bleibe wohl allein.
Ich habe einst vernommen
und las auf einem Stein:
Der Tod wird einmal kommen -
und wird die Taube sein.

BROT

Und doch erinnern wir,
wovon wir träumten,
und es verwandelt sich
in dunkles Brot

und nährt uns unterwegs
zu dem Versäumten
und lehrt uns davon lernen
bis zum Tod.

Für Ludwig Soumagne

AM GRAB

Laß Jahre
vergehen.

Laß
im Staub der Erde
Staub
verloren sein.

Du
wächst
in Jahren leise
in der Erinnerung.

REZEPT

Wenngleich ein Gedicht nichts ändern kann,
keinen Mord verhindert und niemanden erlöst:
Nicht aufhören. Ein neues Blatt nehmen.
Schreiben.

Eine neue Metastase bestrahlen,
wenngleich zehn schon operiert worden sind.
Nicht aufgeben. Noch einmal:
Heilen.

Nicht nach Gründen suchen,
einen lieben zu können,
wenngleich er dich verriet:
Lieben.